19.80/42

Ulrich Schaffer
Berührbar bleiben

Ulrich Schaffer
Berührbar bleiben

Illustrationen von Urs-Peter Twellmann

Edition Schaffer im Kreuz Verlag

Die Deutsche Bibliothek – CIP-Einheitsaufnahme

Schaffer, Ulrich:
Berührbar bleiben/Ulrich Schaffer. Ill. von Urs-Peter Twellmann. – 1. Aufl. – Stuttgart: Ed. Schaffer im Kreuz Verl., 1991
ISBN 3-7831-1140-4
NE: Twellmann, Urs-Peter [1II.]

1. Auflage

Umschlagillustration: Urs-Peter Twellmann
Umschlaggestaltung: Jürgen Reichert, Stuttgart
Foto U.-P. Twellmann: Marcus Gyger
Satz: Steffen Hahn FotoSatzEtc., Kornwestheim
gesetzt in der Comenius Antiqua
Druck und Bindung: Gutmann, Heilbronn
ISBN 3 7831 1140 4

Mit den Rätseln leben

Die Rätsel mit ihren Messern

Als wenn die Zeit reif wäre,
so hat sich alles in mir gelockert.
Es muß jetzt fallen,
das Wort, das erlösende Schweigen
zwischen den gefüllten Worten.
Ich muß fallen.
Ich bin geweitet,
aber doch halte ich mich fest,
als wüßte ich schon,
daß mit meiner Offenheit,
die Welt so erschreckend offen wird,
daß ich haltlos werde,
wie in sprachlosen Zeiten.

Es ist egal:
ob ich komme oder gehe,
ob ich spreche oder schweige,
ob ich warte oder mich beeile.
Ich bleibe einholbar
für die Rätsel des Lebens
mit ihren Messern.

Auf der schweren Erde

Wenn du dich hier fremd fühlst,
dann geht es dir wie vielen von uns.
Manche legen Flossen an,
um zurückzuschwimmen zu ihrem Ursprung.
Andere fliegen ungelenk durch Luft,
die zu Brei wird
und ihre Bewegungen erstarren läßt.
Dann gibt es welche,
die träumen sich davon,
über Berge und Täler, immer weiter,
bis sie zu ihrem Erschrecken
da aufwachen, wo sie angefangen haben.
Manche wollen nicht geboren werden,
sie halten die Nabelschnur fest,
werden von Wehen gepreßt
und finden kein eigenes Leben.

Aber es gibt einige,
die versuchen, die Fremdheit zu entziffern.
Sie haben sich Tafeln angelegt
für die skurrilen Zeichen.
Sie übersetzen die Alphabete des Leidens.
Sie legen Löwen an die Leine
und sprechen mit Ungeheuern.
Die beängstigenden Ungenauigkeiten
nehmen sie in Kauf.
Sie zähmen die Gewalten
innen und außen.
Sie heben Schleier um Schleier
und erhalten sich ihr Staunen.
Sie sehen in das Loch,
in das sie fallen,
und schaffen sich so Boden unter den Füßen.

Sie wagen und gewinnen,
sie wagen und verlieren
und wagen doch weiter.
Sie haben ihr Herz angeschlossen
an das Fremde
und geben und nehmen Blut
in jedem Wagnis.

Sie ringen manchmal nach Luft.
Mühsam zupfen sie das auseinander,
was sie nicht verstehen.
In aller Vorläufigkeit entdecken sie
die Festigkeit, die die Liebe
sogar den Minuten und Sekunden geben kann.

So bewohnen sie die Fremde,
und es gibt Tage,
da sind sie so zu Hause,
daß sie nicht mehr weg wollen.

Schwester Sehnsucht

Ich sehne mich nach der Heimat
in der Hand der Milde,
nach dem Regenbogen
quer durch unsere Augen,
nach einer Salbe
für die Zerrungen der nackten Seelen,
nach einer neuen Sanftmut,
in der auch die härtesten Worte
nicht mehr töten.

Ich sehne mich nach Augen,
mitten in der Blindheit aus Angst.
Ich verzehre mich nach der Weite,
in der einer dem anderen nah ist,
ohne die Steifheit der Enge.
Ich strecke mich aus
wie eine Hand,
die aus der Verworrenheit ragt.

Die Gräser der Liebe werden uns schützen,
die Musik, die jedes Blühen begleitet,
wird uns den Weg weisen.
Das Leben wird lebbar sein,
und ich werde an deinen Händen tanzen.

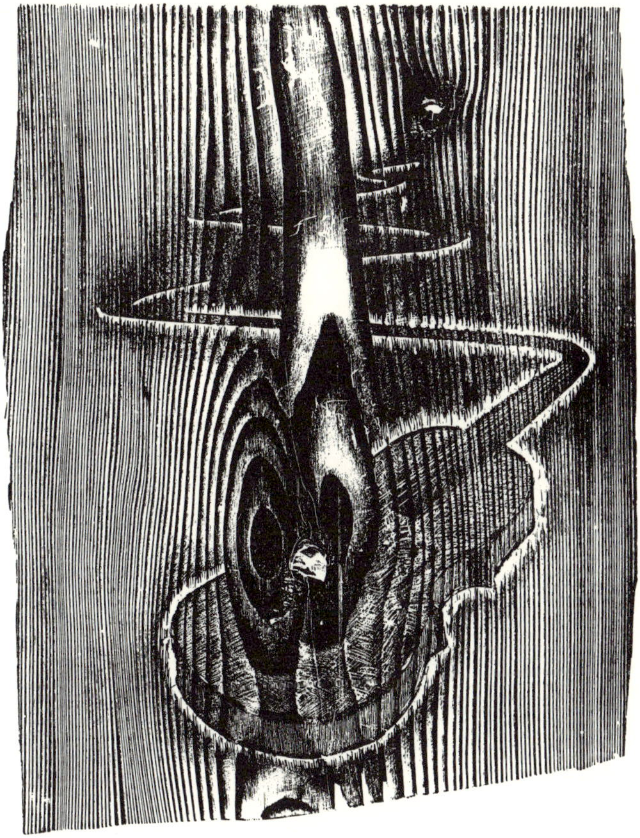

Verbittert

Er glaubt,
daß ihm nichts mehr zu tun bleibt.
Er habe nur zu warten,
daß die Welt sich verändere
und zu ihm komme.

Darum hat er ein Gesicht angelegt,
das sich nicht mehr einläßt.
Die Abweisung, die andere spüren
und auf die sie reagieren,
kommt direkt aus seinem Herzen,
aber ohne den Weg durch seinen Kopf.
So tut er, was er nicht weiß.

Das ist der Tod,
der ihm still
und Stück um Stück
seinen Körper stiehlt
und Seele und Geist
in das Schlachthaus führt.

Seine Verbitterung
ist wie ein geräuschloser Sturm,
der sein Gesicht verwüstet,
und seine Gesten
in die Verzerrung reißt.
Nichts ist mehr anziehend an ihm,
er aber wartet
mit stiller Schuldzuweisung
in jede Richtung.

Bekenntnis

Ich glaube
an ein jedes deiner Haare,
an den Wind in ihnen,
an ihre Glanzlosigkeit,
wenn du in dir gefallen bist
und noch nicht aufstehst.

Ich glaube an deine winkende Hand,
an ihre fünf Finger mit ihren Nägeln,
die du erst heute gefeilt hast.

Ich glaube an deine Erfindungen,
mit denen du mich überfällst
und Berge, Seen
und manchmal sogar Meere
in mir entstehen läßt.
Ganz zu schweigen von Wäldern,
Gletschern, bunten Tieren.

Ich glaube an dein Herz,
an die Pumpe und die Heimat,
in dem von Tag zu Tag
neue Wälder angepflanzt werden
und in der sich die vier Kammern
zum milliardsten Mal
in der richtigen Reihenfolge öffnen.

Leidenschaftlich liebe ich die Echtheit,
ihre Berührbarkeit, ihr Blut,
ihr Verzagen, ihr Fliegen und Blühen.
Kein Glück ist so dicht
wie das Glück der Dinge,
die ohne Auslegung leben
und unvergänglich sind –
ein jedes ein stilles Bild
von dem Reichtum der Ausdehnung
des erfüllten Universums.

Das alles ist wirklicher als Gott,
und darum wähle ich,
durch die Dinge zu glauben,
daß es ihn gibt.
Mehr kann ich nicht.
Das Berührbare öffnet das Unberührte.

In meiner Liebe besteht alles,
und in ihr hat alles
die Möglichkeit zu überleben.
Vielleicht wird eine alte Buche
meine Nervenbahnen nachwachsen,
windig und erfahren,
und ich werde als Luft alles berühren,
was erhört werden will.

Auflösung

Leer,
durchschossen mit Verzweiflung,
so strich er über die Felder,
hatte sich selbst verloren,
vergessen in allem,
nichts hielt mehr stand,
brach, brach
und zerfiel.

Verzweiflungssprache

Ich lasse sie los,
die Verliebtensprache,
ihre glühenden Lügen,
mit Überzeugung geglaubt,
ihre Verschleierung,
ihre betonte Fröhlichkeit.

Ich will die Zweifelsprache lernen,
die Verzweiflungssprache,
die Ehrlichkeit am Abgrund,
das Wagnis, mit dem Tod zu ringen,
weil ich glaube,
daß aus dem Granit
die Verwandlungen geschehen,
und nicht aus den halbgeschlossenen Augen,
nicht aus dem Wegsehen und Weghören,
aus dem Turteln und Flüstern.

Ich will diese Weltsprache lernen,
zu Ehren der Abermillionen,
die schon lange vom Leben gekreuzigt werden,
die erschreckend ehrlich sein müssen
in der Nacktheit ihres Leidens
und manchmal nichts anderes mehr haben
als nur noch ihre Zähigkeit,
mit der sie am Leben hängen
wie an einem Fleischhaken.

Kein Schutz

Kannst du dich schützen
vor dem Pfeil,
der sich in der Luft bildet
aus den Schreien der Sterbenden,
die den Himmel leer sehen,
weil Gott sie sterben läßt
in der Wüste menschlichen Versagens?

Wenn du fliehst,
bist du schuldig,
sagen die starren Augen
des Kindes,
das kein Alphabet für das Leiden
und keine Mathematik
für das Sterben hatte,
ehe es starb.

Nah der kalifornischen Grenze

An der Zapfsäule tankt sie meinen VW
mit *unleaded* voll. Sie schielt etwas,
sieht mich aber aus anderen Gründen nicht an.
Sie sagt, es schneie hier bis Juni,
der Regen jetzt
sei eine gute Abwechslung.
Alles andere verbirgt sie,
mir, dem Fremden.

Jetzt, später, weiß ich,
daß ich in jenen Minuten vergessen hatte,
daß auch sie Träume hat, Ängste
und das unstillbare Bedürfnis
nach Geborgenheit.
Vielleicht sprach sie darum nicht mehr.

Hier, in einer herben Landschaft,
die nicht wie Kalifornien aussieht,
sind nur Berge, Flüsse und Straßen
auf der Landkarte eingezeichnet.
Für die Berge und Täler der Seele
haben wir keine Karten.

Alles loslassen

Alles sind nur Notizen zum Sterben,
diesem unentwegt fortschreitenden Prozeß:
die Einkaufslisten, die Liebesbriefe,
die Streitschriften, die Glaubensbekenntnisse,
die Drohungen, die Testamente.

Wie wir uns auch aufbäumen mögen,
wie wir auch das Glück feiern
und die Zukunft locken,
alles sind Fußnoten
zur großen Kunst des Loslassens.

Manchmal begreife ich,
daß es mein höchstes Glück sein wird,
loszulassen, nichts zurückzuwünschen,
mich nicht mehr umzudrehen.
Leichtigkeit zieht in mich ein.
Aber schon im nächsten Moment
halte ich wieder fest
und widme mich der Vergänglichkeit
in ihren tausend Erscheinungen.

Außer Atem

Daß ich manchmal verkrampft
auf etwas zugehe, zulaufe, renne,
kommt von meiner Unsicherheit,
ob es die Ziele morgen noch geben wird,
oder in einer Stunde,
im nächsten Moment.

Stündlich verwesen Träume,
Täglich versinken Ziele.
Sehnsüchte werden mager
und halten den Anforderungen des Weges
nicht stand.
Und selbst wenn sie sich erholen,
ist der Weg so weit,
daß der sehnsüchtige Wanderer
von Schritt zu Schritt
mit dem Aufgeben kämpft.
Jede Minute schiebt irgendwo
der Tod den schweren Riegel vor.

Warum wundert es dich da,
daß ich manchmal außer Atem bin?

Verirrt in fremden Elementen

Manchmal gehe ich unter im Erstaunen.
Flügellos und kiemenlos
habe ich mich verirrt in Elemente,
die nicht für mich gedacht sind.
Aber ich will so leben:
im Wunder, im Untergang,
im Aufstand, im Erkennen.

Wenn ich niedersinke,
verstehe ich mit den Fasern meines Wesens,
ich verneige mich vor dem Leben
und fließe und fliege davon.
Ich erhöre die Revolution in mir,
die mich zum Leben hinwirbt,
ich sprenge die Grenzen
und lande im Licht,
das höher ist als meine Vernunft.

Trotz der Trennungen, lieben

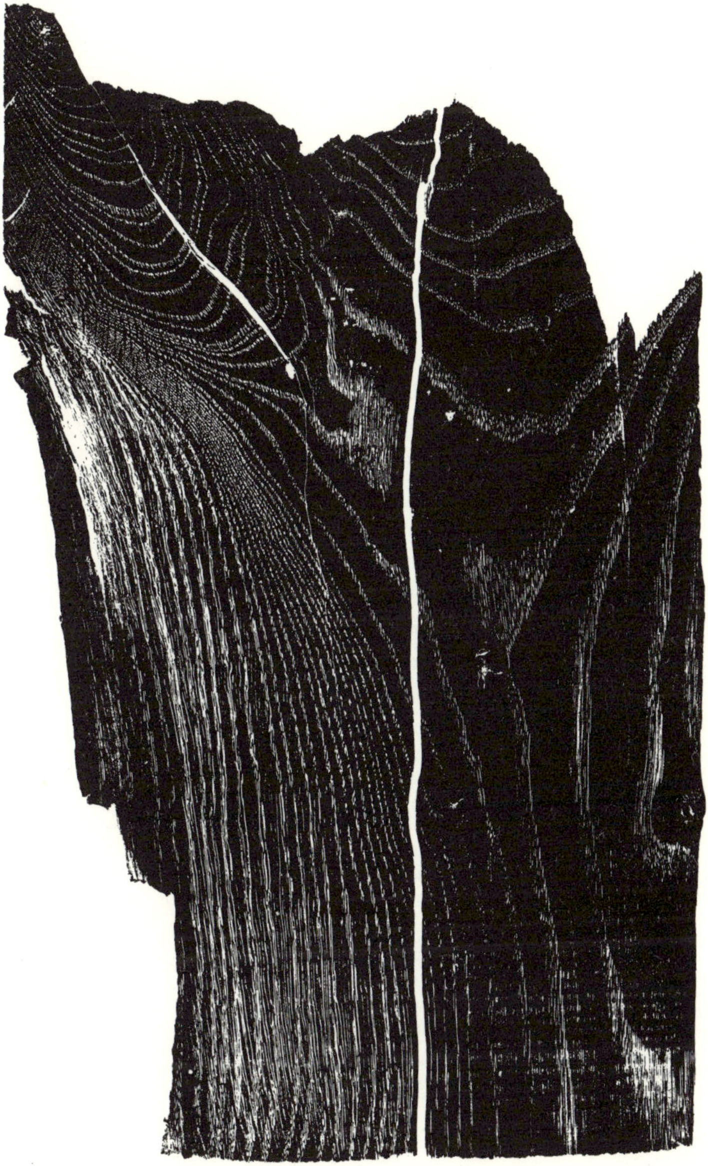

Gefangene

Das Unbekannte an dir
kenne ich auch dann noch nicht,
wenn ich es sehe.
Auch nicht, wenn ich staune
oder es beschreibe.

Ich sehe immer durch die Verirrung,
die ich bin
und die meine Einmaligkeit ausmacht.
Ich kranke an mir.
Die Innenseite deines Schädels
bleibt dein Geheimnis,
auch wenn du sie mir liebevoll erklärst.

Ich laufe in Grenzen wie in Messer.
Ich werde nie
durch deine Augen sehen,
wie du nicht durch meine,
und doch versuchen wir es immer wieder neu.

Vielleicht ist das unser beider Glück,
an dem wir leiden,
und unser Unglück,
an dem wir gesund bleiben.

Tausch

Komm, tauschen
wir unsere Schätze aus.
Ich gebe dir,
was ich nicht weiß,
und du beschenkst mich
mit deinem Vergessenen.

Und schon öffnen sich uns
Fluchtwege aus dem Käfig,
in den mein Wissen
und deine Schlauheit
uns gesteckt hatten.

Eine Frau auf dem Weg zu sich selbst

Plötzlich wußte sie,
daß der Schnitt geschehen würde.
Befreit von sich selbst
würde sie dann das tun können,
was sie immer gefürchtet hatte.

Das ist ein Morgen mit Lerchen,
mit langsam sich anstauender Sommerwärme,
mit der Stille wachsenden Grases,
mit einem neuen Gewissen,
das sich tief innen wie ein Schatz
im alten, überholten Gewissen auftut.

Jetzt verweigert sie ebenso plötzlich
die Furcht vor der offenen Weite,
die fromm zeternden Stimmen weit innen,
die Erbärmlichkeit ihres Verstandes,
und tritt vor,
hinein in die andere Haut,
in das Wagnis des Schnitts.

Noch bemerkt es niemand,
aber ihr Kern bekommt jetzt einen Kern,
das Glühen nimmt zu,
die Seele wird wieder endlos
und bleibt nicht in engen Bildern gefangen.

Gnadenlos gegen sich selbst
geht sie voran.
Das ist die Gnade,
mit der sie sich selbst beschenkt,
von Entscheidung zu Entscheidung.

Anker

Anker,
an den du dein Herz hängst.
Wenn er Grund findet,
weißt du,
daß du noch nicht
tief genug gegangen bist.

Auf offener See
ist die Ankerwinde leer.
Kilometertief
hängt die Kette
über der Tiefe.
Daran dein Herz.

Du treibst
mit den Strömungen
und entdeckst Kontinente,
die du nicht ansteuern konntest,
weil es sie noch nicht in dir gab.

Jetzt hievst du dein Herz hoch
und läßt es leben,
an fremden Ufern,
unter Gedanken, die sich
wie Wilde geschmückt haben
und dir angst machen.

Eine Frage der Liebe

Wie ich dich liebe,
wenn dein Haar weiß und dünn ist,
nicht ob ich dich liebe,
ist die Frage,
die ich jetzt
mit jedem unscheinbaren Tag
so beantworte,
daß ich es kaum merke.

Und jedesmal
berühre ich dabei die Frage,
wie weit ich mich darin
selbst geliebt
oder verstümmelt habe.

Was wir lieben könnten

Die aussichtslose Stille,
in der niemand mehr etwas zu sagen weiß
und sich unbemerkt
eine neue Aussicht öffnet,
in den Kern, in das Herz,
das wir zugeredet haben,
all die Jahre.

Das eigene Erschrecken,
an dem wir sehen können,
wie lebendig wir noch sind.

Das graue Licht eines Regentages,
an dem sich die Wurzeln der Bäume
suchend vortasten,
um uns zu finden,
die wir wurzellos sind.

Die Gloriole eines einzelnen Wortes,
in dessen Aura wir plötzlich
zu glühen beginnen,
weil in uns eine Tür aufgeht
und wir uns erinnern
an das Glück, in dem alles ausreichte,
und wir Himmel hatten
ohne Ende.
Und die Lippen,
die dieses Wort formen,
seien es auch unsere eigenen.

Der Schmerz, der uns
die Perspektive wiedergab,
die wir verloren hatten,
und das Glück,
das uns die Perspektive
für den Schmerz wiedergab,
die im Schmerz untergegangen war.

Den eigenen Körper
in seiner Empfindlichkeit
und seinem Bedürfnis nach Berührung,
voller Geheimnisse.
Lassen wir ihn leben,
wird er uns leben lassen.

Gänseblümchen,
mit ihren offenen Gesichtern.
Könnten wir so einfach sein,
würden wir uns öfter begegnen,
du dir, ich mir –
und wir einander.

Wagnis

Sie ist aus allem geflohen,
was sie berühren und erschrecken kann.
Diese Flucht ist wie Schorf
auf ihrer vernachlässigten Seele.

Sie überlegt, ob sie sich jemals
wieder auftun will,
dem Tumult der Gefühle,
den stolzen Widerhaken
und den Fallen der Andersartigkeit
eines Mannes.

Ein geräumiges Wort

Ich will dir
ein Wort anbieten
und hoffen,
daß darin genug Platz ist,
für deine Sehnsucht, dein Glück
und dein Erschrecken.

Es soll nicht so eng sein
wie die Wohnung in dem Buch
mit den tausend Kapiteln,
in der du dich nicht bewegen konntest.

Und zwischen die Buchstaben
will ich die Stille stellen,
damit sich alles ausdehnen kann,
ins Endlose.

Wunden, die uns heilen

Fehlt dir wirklich die Energie,
um noch einmal aufzusteigen
aus der Trauer
um eine zerbrochene Beziehung?
Mit brennender Wut, aber still,
hörst du die zerstörenden Worte
noch einmal. Nichts rettet dich
vor der Steigerung ins Aussichtslose.

Du kannst dich nicht wehren
gegen die innere Flut.
Du bist ein hilfloser Schwimmer
über der gefährlichen Tiefe,
die alles verschluckt.
Dann fällst du von dir ab,
bist in deinem Selbstmitleid gegen dich,
hörst auf, unterwegs zu sein
zu dem, was du von dir gesehen hast.

Aber warum hast du gedacht,
daß aus alltäglicher Kohle
in kurzer Zeit ein Diamant wird?
Erinnere dich,
daß du dich selbst gewählt hast,
um aus dir das zu machen,
was du nie mehr aufgeben willst.

Es gibt Wunden,
in denen wir ertrinken,
um dann, wie Ertrunkene,
wieder aufzutauchen,
ein Stück heiler.

Ich will nicht die Klarheit

Ich will nicht die Klarheit,
die alles reduziert,
bis kein Platz mehr ist
für das Wunder.
Für das Unmögliche,
das sich Bahn bricht.
Für die Stärke der Gewaltlosigkeit.

Ich will nicht so weise werden,
daß ich nicht mehr
die Dummheit begehen könnte
zu lieben,
auch gegen die Hochrechner,
die mir sagen,
es bringe nichts.

Dahinter, dahinter

Was du hinter deinem Weinen versteckst,
ist das Weinen, das wie ein Ozean ist.
Was du nicht weißt,
ist was du nicht wissen willst.
Was du hinter deinen Worten versteckst,
ist die Leere.

Was du hörst, ist die Stille,
die die Stille verdecken soll.
Was du nicht sagst,
ist was du sagen willst,
wenn du keine Angst hättest.
Was du hinter deiner Maske versteckst,
ist die Maske,
die keine Maske mehr sein will.

Was du findest,
ist was du verloren hast,
um es endlich zu finden.
Was du betest, ist das Gebet,
das dich vor dem Beten retten soll.

Was du bist, ist was du bist,
um nicht zu sein, was du bist.
Nichts ist so wertvoll
wie deine Echtheit.

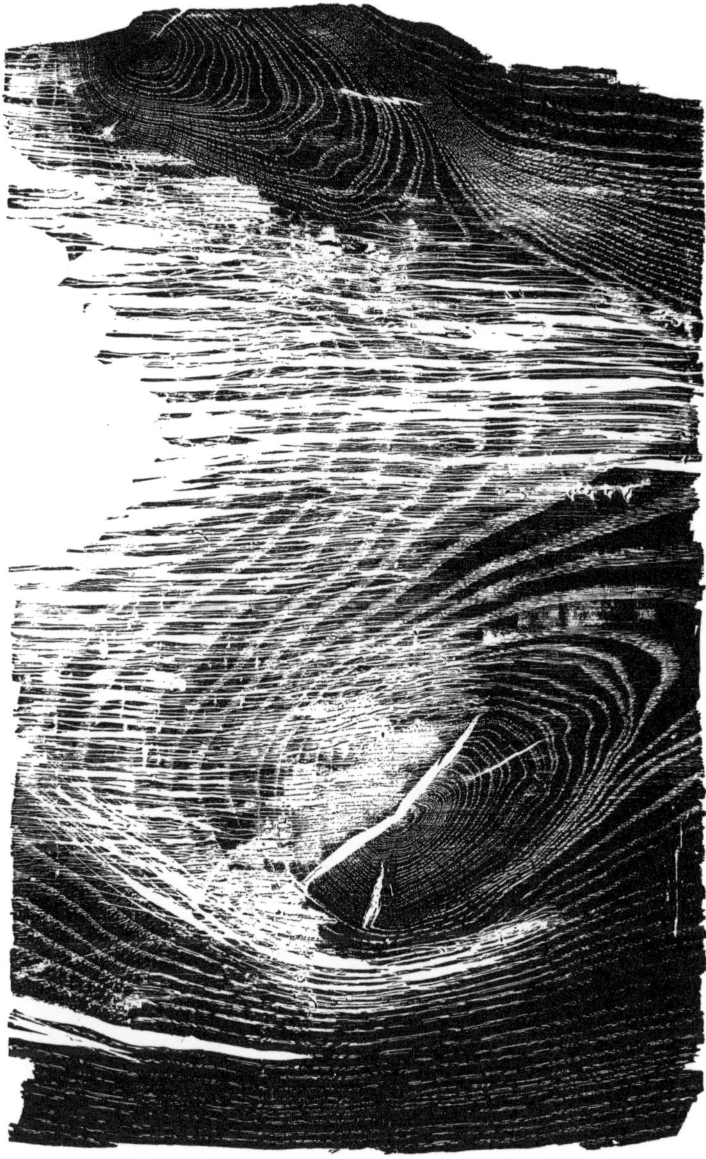

Ich werde altern, aber

Sehnig schwimme ich durch deine Liebe
mit meinem bronzenen Sonnenkörper,
auch wenn neben mir
meine Gebrechlichkeit auftaucht
und Zug um Zug mithält.

Ich weiß,
ich werde immer weiter altern,
von den Augen nach innen,
vom Herzen nach außen,
aber doch werde ich kämpfen
und mit immer neuen Zügen
durch das Meer der Liebe schwimmen
und dich suchen
mit mühsamen Alphabeten der Zuwendung,
mit wagemutiger Entschiedenheit,
trotz aller Zerbrechlichkeit.

Auch im Dunkelsten
wird noch Sonne sein
und ein Stück von ihr in mir.
In jedem Verlust und Erfolg
werde ich mich verwandeln,
und du wirst es merken.

Himmel, in den ich dich einlade

Wäre ich der Weg,
auf dem du gehst,
wäre ich der Himmel,
den du anstrebst,
wäre ich das Vergessen,
in das du versuchst zu fliehen,
dann
wäre ich
vielleicht nicht mehr
als deine Hölle,
in die du blind liebend läufst.
Entlaß mich aus deinem Leben,
damit du deins findest.

Ich werde schon den Himmel finden,
in den ich dich einladen kann,
mit einem grobschrotigen Laib Brot,
frischem Wasser
und mit Bildern,
auf denen sichtbar wird,
was du geahnt hast.
Erst wenn du dir traust,
wirst du mir trauen können,
ohne dein Leben wegzuwerfen.

Auf dem Wasser gehen

Nichts bleibt einfach,
wenn ich es liebend ansehe.
Alles wird einfach,
wenn ich es liebend ansehe.

Dazwischen liegt der mühsame Weg
von mir selbst weg, zu mir hin.
So werde ich einfacher,
so lerne ich auf dem Wasser zu gehen,
mit Staunen,
selbstverständlich.

Mit der Wärme der Haut

Über die Welt in mir,
die wir Seele nennen,
läuft Licht,
und plötzlich,
unerklärlich wie Luft,
sehe ich,
daß Türen offen sind
und daß über die Erde
eine dünne Schicht Sinn
gebreitet ist,
mit der es zu leben geht.

Ich drücke es aus,
indem ich meine Hand auf deine lege
und mit der Wärme meiner Haut
farbige Silben schreibe,
die sich vorsichtig überschlagen
und die vorhandene Harmonie
sichtbar machen,
ehe wir sie wieder vergessen.

Ich kentere in den wilden Wellen

Ich kentere in den wilden Wellen,
die du mit deinen Worten machst.
Schon sehe ich das grüne Reich
der Fische und Algen.
Die gewaltigen Leiber der Wale
gleiten an mir vorbei.
Ich werde aufgenommen
von der Stille der tiefen Strömungen.
Ich schwebe in den olivenen Haaren
des fleischigen Riesentangs.

Wenn ich ertrinke,
werde ich deine Worte nicht mehr hören,
und deine Wildheit wird sich legen.
Vielleicht wirst du eines Tages entdecken,
daß alles nur Hörfehler waren,
weil ich deine Sprache nicht gesprochen habe
und immer wieder Worte verwechselte.
Vielleicht kommt dir die Einsicht
beim Baden im Meer,
und wenn du dich dann nach unten kehrst,
wirst du mich in der Tiefe sehen,
mit meinen leuchtenden Augen
genau vor den Kiemen,
mit denen ich mir Sauerstoff
aus meiner grünen Welt herausfiltere.

In den goldenen Ähren

Ich denke an dich
in den goldenen Ähren,
als du noch auf dich zu lebtest,
lebend dir selbst zugewandt
und in dem Frieden,
den du mit dir geschlossen hattest.

Wäre es nicht wert,
dich noch einmal
in die Ähren zu legen
und dich einholen zu lassen
von dem Gold über Gold
über Gold?

Ich vernachlässige
meine Sehnsucht nicht mehr

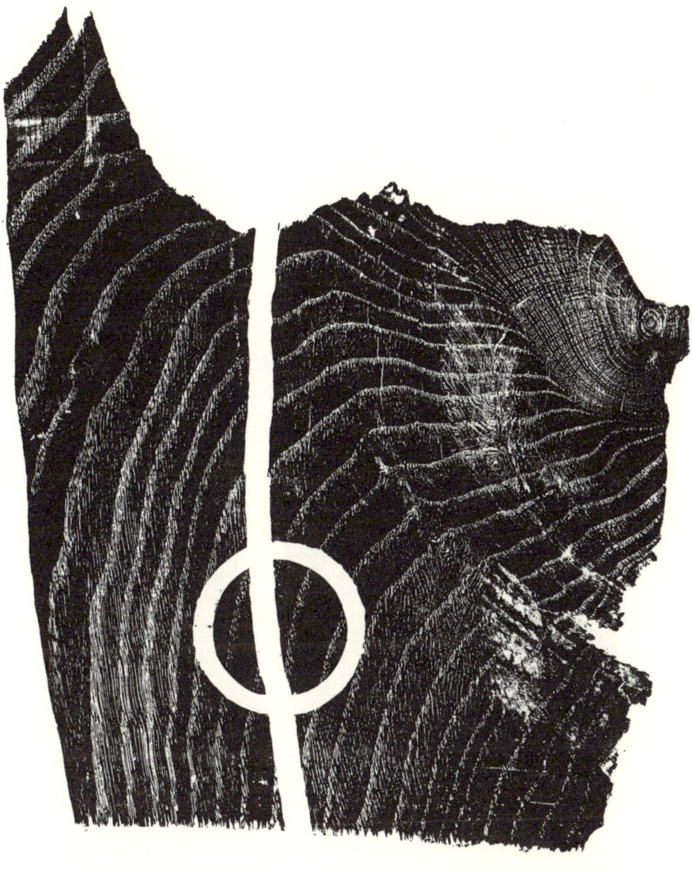

Wie ich bei mir bin

Ich bleibe bei mir,
schiebe Feuer in mein Gehirn,
lasse die Werke der Welt
ihre Geräusche weitab machen
und achte nur selten auf die Zeit,
die ihre Lautlosigkeit
auch ohne mich übt.

Ich lasse Wege in mir zuwachsen,
gehe barfuß durch die Flora,
die mich tarnend birgt.
Hinter mir kappe ich die Stricke,
an denen Brücken
über das Undurchquerbare hängen.
Ich lasse das gezähmte Land
wieder in seine Wildheit zurückfallen.

Da beginnen endlich
meine stillsten Gedanken
wieder zu atmen,
ich richte mich an ihnen auf
und vernachlässige meine Sehnsucht
nicht mehr.

Rückgrat

Es sind unscheinbare Rituale,
die mich durchtragen,
durch Tage und Nächte,
die im Regen versinken.
Kleine Handbewegungen,
die ich wiederhole
und gegen den Unglauben
meines versagenden Herzens setze.
Schlichte Worte,
die aus ihrer Verbindung zur Erde
Kraft ziehen und sie mir vermitteln.
Blicke, die ich wage,
zu dir hin,
zu den alltäglichen Dingen,
zur stillen Musik der Unendlichkeit.
Und über allem
das Schweigen vor mir selbst,
das wortlose Aushalten,
daß ich bin. Nichts weiter.

Das ist das Rückgrat meines Lebens,
an dem ich mich entlangtaste und aufrichte
und zuweilen glücklicher bin,
als ich getraue zu sein.

Der andere in mir

Ich finde nicht weg von mir.
Komme ich in ein Versteck,
das mich sicher dünkte,
bin ich bereits da
und begrüße mich mit einem Lächeln.
Ich melde mich bei mir ab,
erinnere mich dann aber,
wohin ich diesmal fliehen wollte.
Ich lege eine Maske an,
verrate mich dann aber dauernd
an mich selbst.

Ich komme nur weg,
indem ich auch der werde,
der mich immer beobachtet,
und ihn liebe.

Durchlässig

Ich spüre,
daß etwas in mich einfallen könnte.
Meine Grenzen sind durchlässiger geworden,
weicher, papierener, verletzbarer.
Auch wo ich am Rand lebe,
zur Unwissenheit und Unbekanntheit,
ein Baum unter Bäumen,
ein Gras unter der Tarnung von Gräsern,
erkennt mich das Schicksal
und widmet mir seine Neugier.
Ich bin erreichbarer
für furchtbare Nachrichten,
für die unzähligen Kleinigkeiten,
aus denen die Zerstörung sich zusammensetzt,
meine Tür ist offen.

Ob ich verblute,
ob das Blut gerinnt
und Schorf bildet,
ob langsam die Narben
die Haut mehr und mehr verdrängen,
ich weiß es nicht.

Meinen Takt finden

Meinen Takt finden.
Nicht einatmen,
wenn ich ausatmen will.
Mich wehren gegen mich,
der ich nicht bin.
Meine Füße setzen,
so bewußt, daß sie
ihre eigenen Flügel
an den Hacken entdecken.

Mich in die Gezeiten betten.
Mit meiner Flut
die gemächlichen Küsten heimsuchen,
mit Ebbe
den Sand der Sonne schenken.

Aus dem Rhythmus
von Weinen und Lachen
die Musik machen,
in der nichts stirbt.

Ich will auf mein eigenes Steigen
und Fallen achten,
weil ich nichts so ganz bin
wie meine Erlebnisse,
die ich zu Erfahrung verwandle.

Knäckebrot mit Butter

Das Knäckebrot mit der Butter
und der selbstgemachten Marmelade,
das Glas Milch,
die leere Küche, jetzt,
um zwei Uhr nachts,
der Kater, der zum Mausen
rausgelassen werden will,
das geduldige Telefon
und das helle Klingeln der Zeit,
die vorbeirauscht,
die große Eckigkeit der Nacht,
die über dem Haus wacht,
der aufrechte Wald,
der bis zu den Sternen reicht.

Das sind nicht Gedanken,
die mich beschweren oder erleichtern,
sondern Dinge, die die Leere ausfüllen
mit dem unendlichen Wert ihres Seins.

Auch ich bin im Moment
nur eine Anordnung von Zellen,
die fließend kommen
und gehen.

Zehn Zehen

Zehn Zehen
zum Laufen.
Zehn Finger
zum Kitzeln.
Zwei Ohren
zum Lauschen.
Ein Rücken
zum Ruhen.
Zwei Hände
zum Gefesseltwerden.
Zwei Augen
zum Erblinden.
Und ein Herz
zum Sterben.
Immerwiederneu.
Zehn Zehen,
zum Aufer-
stehen.

Was sich nicht verändert

Ich möchte erlöst werden
von den Sprüchen und Sprichwörtern,
von den Lehren und Dogmen
und ihrem Zwang, die Welt
so eng zu schildern,
daß die Wirklichkeit
aus der Wirklichkeit
verbannt wird.

Nichts darf nur Worte werden,
kein Gefühl, kein Glaube, kein Ding,
nicht dein Blick und nicht
meine Bewegung durch Raum und Zeit.
Nichts ist endgültig,
auch wenn am Ende eines Satzes
ein Punkt folgt.

Was sich nicht verändert,
wird leerer und leerer,
bis es nur Hülle ist
und dann aufhört zu sein.

Litaneien und Zauberformeln

Hör mich im Dunklen
die Litaneien sagen,
hör mich atmen,
flach und uneben,
spür mich warten,
dumm und unerfahren,
sieh mich an,
gewöhnlich und leicht zu übersehen,
spür meinen Schrecken,
dosiert in kleine tägliche Portionen,
hör mich verzweifelt
die Zauberformeln singen.

So besänftige ich die tägliche Härte,
so lebe ich meine Sehnsucht, blind,
und doch erleuchtet von anderswo.

Das bin ich,
und du bist es auch.
Auch das wollen wir achten,
weil wir Menschen sind
und uns nicht schämen.

Ich erkenne dich an deiner Jacke

Ich erkenne dich an deiner Jacke.
Ich erkenne dich an deinem Halstuch.
An deinem Auto. An deinem Gang.

Ich erkenne dich an deiner Angst,
die du als Überzeugung tarnst.
Ich erkenne dich an der Verwegenheit,
mit der du dich selbst überraschst.
Ich erkenne dich an deiner Herzfarbe,
die du manchmal nach außen trägst:
die lila Liebe, die rosa Begeisterung,
die weinrote Beherzung.

Ich erkenne dich
an deiner Bereitschaft zu sterben,
an dieser Entschiedenheit,
den Tod überall dazuzuzählen,
wo er auch lauert und leuchtet.
Ich erkenne dich an deinem Grab,
an dem leeren Loch.

Ich bin das Ziel

Ich lasse, was unten ist,
nach oben kommen,
lasse es sein, wie es ist,
ohne etwas zu beschönigen.
Ich lasse die Momente
noch einmal durch meinen Kopf segeln,
die Freiheit, die Aufmerksamkeit,
das Versagen im Kleinen,
die Aufbrüche, die Abgründe,
und erkenne, wie sich in allem
das unaufhaltsam Bahn bricht,
was ich immer wollte,
ohne es klar sagen zu können.

Bau mir ein Haus

Bau mir ein Haus,
alter Mann,
in deinem zerfurchten Gesicht.
Ein Fundament aus dem verrückten
Ablauf der Zeit,
Wände aus Erschrecken und Glück,
ein Dach aus Hoffnung.
Nimm mich mit
aus der Welt, die versucht,
weltlos zu sein
in ihrem Pfeifen
durch den dunklen Wald.

Führ mich durch deine Falten
zu meinen Falten,
zu den Abgründen der Erkenntnis,
zu der Wahrheit,
die meistens seitlich wie ein Krebs
oder im Rösselsprung
auf und davon ist,
ehe wir sie fassen.

Schick mich nicht weg.
Schick mich zu mir.

Sehen

Jenseits,
nicht in einem Traumland,
nicht in den zweifelhaften Himmeln,
für die wir uns hier
jetzt anstrengen sollen,
nicht in dem unsicher Entfernten,
sondern so nah wie die Hand,
mit ihren Blutbahnen,
die jede Zelle versorgen,
so nah wie das Auge,
das sich sieht und erkennt,
so nah wie die zurückgekehrten Schwalben,
die Tausende von Kilometern
nicht abhalten konnten,
noch einmal zu kommen
und mich zu überzeugen,
daß das Jenseits
nur an der anderen Seite
einer sehr zarten Tür liegt,
die zu öffnen nicht des Todes bedarf
und nicht einer besonderen Intelligenz,
sondern nur der Entscheidung
zu sehen.

Vorsichtig tritt mein Fuß

Vorsichtig tritt mein Fuß
auf den tausendmal gewaschenen Sand,
um nicht das Muster
dieser endlosen Wiederkehr
zu verletzen.

Ich bin umgeben von Treibholz,
das mir ähnelt, meinem verbleichenden Leben,
meiner silbernen Vorläufigkeit.
Ich spüre Angst und Glück,
wenn ich daran denke,
daß es irgendwann, überraschend,
vorbei ist.

Ich bin ergeben, ein Fremder zu sein,
und bewege mich doch wie ein Einheimischer
auf diesem schönen Planeten.
Ich vertraue der Erde,
wegen ihrer Schwerkraft.

Erneuerung

Die Straße hört plötzlich auf,
als wäre den Straßenbauern
das Geld ausgegangen.
Der tiefe Wald beginnt,
bemooste Bäume, Unterholz,
die Geigenhälse des Farns,
lange Kiefernnadeln
in verschiedenen Stufen der Rückkehr
zur Erde,
unsichtbar, die Augen wilder Tiere,
Indianergeraune von Jahrhunderten,
mein weißer Körper, ausgeblichen
und fehl am Platz
unter dem Einklang der Dinge.

Dann merke ich,
daß hier eine andere Straße beginnt.
Ich ziehe meine zivilisierte Ordnung aus,
lege die Kleider ab,
in denen ich mich immer wiedererkannte,
schnalle den Gürtel ab,
der alles zusammenhält,
und lege ihn auf meine Kleider.
Ich bin los, was ich war.

Da beginnen die Bäume
schüchtern zu reden,
sichtbar werden hinter den glühenden Augen
die Leiber der wilden, zahmen Tiere,
und ich rieche die Feuer
in den *longhouses* der Haida und Kwakiutl.
Meine Seele hört ihre eigenen Farben,
legt sich in einen Kreis,
wie eine sich häutende Schlange,
und kehrt erneuert zu sich selbst zurück.

Rückkehr

Ich vibriere
mit den uralten Einsichten
meiner Vorfahren.
Ich ziehe mich aus
und stehe nackt, wie sie,
vor der Unlösbarkeit der Welt.
Ich mache erste Laute,
Urgedichte aus Schreien.
Ich verweigere das Gewissen
und lausche auf die Tiere in mir.
Ich ziehe mir einen Bärenpelz über
und spiele mit Kieseln und Bäumen.
Ich lege die Worte alle zusammen,
und sie ergeben Dinge,
für die es noch keine Worte gibt,
weil sie wild sind.
Ich sehe den trunkenen Mond
im See auf und ab tanzen
und werde so schneeig wie er,
am Rande zum Wahnsinn.

Halte mich aus,
rufe ich mir zu,
du wirst gesund
an der Wildheit.

Nomade des Geistes

Was wäre das für ein Weg:
an den ausgestopften Menschen vorbei,
an den Kürbissen und Melonen.
Vorbei an den Gestiklügnern,
die mit ihren wedelnden Armen
die Wahrheit beteuern
und sie so billiger machen.
Vorbei an dem Schillern, dem Lächeln,
dem Weisheitsgeflüster.
An dem Sattheitsgefühl,
vorbei an dem selbstgefälligen Grienen.

Und hinein in die Wüste,
mit dem klirrenden Flirren der Sonne,
dem Frost in der Nacht,
dem unerreichbaren Horizont.
Ein Nomade des Geistes werden,
verwegen unterwegs,
auch ohne die letzte Absicherung,
ohne Beteuerung und Entschuldigung,
nur gehen, von Oase zu Oase,
Fuß vor Fuß
in das Unbegreifliche,
zu dem auch ich gehöre,
so wie du.

Ich brauche die Wildnis

Nach einer gewissen Abwesenheit
erscheine ich wieder bei mir,
ausgehungert nach den Räumen,
in denen ich mir begegnen kann
als unbeschriebenes Blatt Papier,
als zarte Vorsichtigkeit
vor dem Ungeheuren der Stille.

Ich brauche es,
daß ich mich nicht ganz verstehe,
um mit mir glücklich zu sein.
Ich brauche die Weite,
in der mir die Nähe zu mir selbst gelingt.
Ich brauche die Gedanken,
die wie eine Heimkehr sind –
von ihnen aus erobere ich das Universum.
Ich brauche die Wildnis,
um mich zu zähmen
und menschlich zu werden.

❏ **Bitte informieren Sie mich regelmäßig über die Bücher aus dem KREUZ Verlag.**

Folgende Themen interessieren mich besonders:

01 ❏ Religion und Spiritualität
02 ❏ Psychologie und Lebenshilfe
03 ❏ Tod und Sterben
04 ❏ Märchen, Mythen, Symbole
05 ❏ Frauenthemen
06 ❏ Bücher zum Verschenken
07 ❏ Die Bücher aus der Edition Schaffer
08 ❏ Gesamtprogramm/Neuerscheinungen
09 ❏ Medizin und Gesundheit
10 ❏ Ratgeber

00 ❏ Bitte informieren Sie mich über die religiösen Zeitschriften aus dem KREUZ Verlag.

____

Vorname/Name oder Institution

____

Straße, Nr.

____

PLZ/Wohnort

____

Beruf

Diese Karte entnahm ich dem Buch:

____

Bitte freimachen

Antwort

An die
Edition Schaffer
Postfach 80 06 69

D-7000 Stuttgart 80

Liebe Leserin, lieber Leser,

wir informieren Sie gerne über die Edition Schaffer sowie die Bücher und die Zeitschriften aus dem Kreuz Verlag. Schicken Sie einfach diese Karte ausgefüllt zurück.
Übrigens: Wenn Sie gerade Zeit und Lust haben, beantworten Sie doch die nebenstehenden Fragen. Ihre Antworten würden uns helfen, unsere Arbeit effektiver und noch besser auf die Wünsche unserer Leser abzustimmen.
Herzlichen Dank!
Es grüßt Sie

Ihre Edition Schaffer im Kreuz Verlag

Dieter Breitsohl
Verleger

P.S. Wenn Sie Ihre Karte mit dem ausgefüllten Fragebogen an uns zurücksenden, wartet eine **Überraschung** auf Sie!
Sie können bei unserer wöchentlichen **Verlosung** unter den Einsendungen eines von zehn Buchgeschenken gewinnen!

Ich nehme an dem wöchentlichen Edition Schaffer Gewinnspiel teil:
Hier meine Antworten:

Haben Sie dieses Buch
❏ gekauft ❏ geschenkt bekommen?
Sind Sie auf dieses Buch aufmerksam geworden durch
❏ Ihren Buchhändler ❏ Empfehlung
❏ Werbung; Besprechung in ❏ Funk
❏ TV ❏ Zeitungen/Zeitschriften
❏ eine Schaffer Lesung
Wie hat Ihnen dieses Buch gefallen?
❏ sehr gut ❏ geht so ❏ gar nicht
Kannten Sie die Edition Schaffer bereits?
❏ ja ❏ nein
Welche Titel/Themen vermissen Sie in der Edition Schaffer?

Wo kaufen Sie Ihre Bücher?
❏ Bei meinem Buchhändler ❏ Bahnhofsbuchhandel ❏ Versandbuchhandel
❏ Kaufhaus
Wieviele Bücher kaufen Sie pro Jahr?
❏ 1 bis 2 ❏ ca. fünf ❏ ca. zehn ❏ mehr
Verschenken Sie Bücher?
❏ ja ❏ nein
Welche Zeitschriften lesen Sie regelmäßig?

Verraten Sie uns Ihr Alter ? ________ Jahre.

Berührbar bleiben

Wie gehen wir mit den täglichen Verletzungen um? Was machen wir, wenn wir nicht mehr weiter können und das Leben zu schwer wird? Es gibt viele Antworten, viele Fluchtwege. Einer der meistgebrauchten Fluchtwege ist, daß wir uns nicht mehr berühren lassen. Wir machen uns unverletzbar – wir stellen uns weder unserem Leid noch dem Leid der Welt. Wir sehen nicht hin, wir verdrängen, wir erklären das Schwere weg.

Dieses Unberührbarsein nimmt viele Formen an. Die gefährlichste Form ist eine Art Dumpfheit, in der die Höhen und Tiefen des Lebens ausgeglichen werden. Das Extreme wird nicht mehr erlaubt, nur noch das Sichere. Zynismus ist ebenso eine Flucht vor dieser schmerzhaften Berührung. Wenn ich von oben herab über etwas lächele oder es verspotte, identifiziere ich mich nicht mit dem, was mir Leid zufügen kann. Ich habe einen Abstand geschaffen, der mich schützt. Aber wie bei der Dumpfheit bin ich nicht mehr leidenschaftlich mit dem Leben verbunden – ich lebe aus dem Abstand, aus der sicheren Distanz.

Aber können wir es uns leisten, uns immer wieder verletzen zu lassen? Sicher nicht. Jeder Mensch muß das eigene Maß finden. Wichtig scheint mir nur zu sein, daß wir uns immer wieder dem Leben aussetzen, wenn wir lebendig bleiben wollen.

Vielleicht ist das Leben nichts anderes, als berührbar zu bleiben, und es ist der Tod, sich nicht mehr berühren zu lassen. Dann würden wir alle Gefahr laufen, mitten im Leben zu sterben, wenn wir uns abhärten und unempfindsam machen. Dann müßten wir unseren ganzen Einsatz liefern, um uns diese Berührbarkeit zu erhalten, durch alle Enttäuschungen und Verletzungen hindurch.

Meine Texte handeln direkt und indirekt von dieser Verletzbarkeit, von dem immer neuen Versuch, sich mit dem Leben einzulassen, auch wenn es schmerzhaft ist und manchmal hoffnungslos scheint, den tieferen Sinn wirklich zu begreifen. Es sind Texte, die von der Durchlässigkeit unserer Haut und Seele sprechen und ermutigen, sich den Herausforderungen zu stellen und „da" zu bleiben.

Die drei Teile des Buches: „Mit den Rätseln leben" widmet sich den Widersprüchen, dem Herben des Lebens. Im zweiten Teil „Trotz der Trennungen, lieben" sind hauptsächlich die Beziehungsgedichte zu finden. Der dritte Teil „Ich vernachlässige meine Sehnsucht nicht mehr" beschäftigt sich mit der Suche nach der eigenen Identität.

Ulrich Schaffer
Burnaby, British Columbia, Canada

Inhalt

Ich vernachlässige meine Sehnsucht nicht mehr

Auf dem Weg zum eigenen Glauben.

Ulrich Schaffer zeigt, daß die Suche nach Gott ein Abenteuer der Sprache, das Ringen um Aussprache ist. Leidenschaftlich tritt er für eine eigene Beziehung und einen selbst erfahrenen Weg zu Gott ein.

Ulrich Schaffer
Gott in der Weite meiner Fantasie
144 Seiten, kartoniert

Orte des Lebens bewohnbar machen.

Ein Tagebuch und zugleich ein Meditationsbuch: Gedanken und Gedichte des beliebten Autors lassen überraschende und tiefgründige Leuchtspuren der Seele aufscheinen. Wer Ulrich Schaffer und auch sich selbst besser kennenlernen will, findet hier Anstöße und Ermutigungen, mit seinen inneren Landschaften vertraut zu werden.

Ulrich Schaffer
Geographie des Herzens
Vorläufige Einsichten
192 Seiten, kartoniert

Die Wunder in Seele und Landschaft immer wieder neu entdecken.

Mit diesem immerwährenden Kalender legt Ulrich Schaffer ein farbenfrohes Bekenntnis zu den besonderen Schönheiten eines jeden Monats ab. Ausdrucksstarke Farbfotos und meditative Texte illustrieren den Jahresablauf, laden immer wieder zu Momenten des Innehaltens und Nachempfindens ein. Sie machen aufmerksam für das Neue. Etliche freie Seiten bieten ausreichend Raum für eigene Notizen.

Texte und Musik zu den schönen und weniger schönen Seiten der Liebe.

Ulrich Schaffer hat Beziehungstexte auf Cassette gesprochen, die eine zusätzliche Dimension durch seine Stimme gewinnen. Die romantisch-verliebten Seiten der Beziehung kommen ebenso zur Sprache wie die harte Arbeit der Liebe und das Leiden. Zu der Cassette gehört ein kleines, geschmackvoll gemachtes Büchlein mit sämtlichen gesprochenen Texten.

URS-P. TWELLMANN, geb. 1959, lebt als freischaffender Bildhauer und Kunstmaler in Burgdorf, Schweiz. Die Ausbildung holte er sich an der Schule für Gestaltung in Bern, für geistige Psychotherapie bei Peter Goldmann in Zürich, für Kunsttherapie bei Simon E. Siegrist, Zürich, für Malen und Erkennen bei Lilla Bek, England, und für Farbtherapie bei Aura Soma Color Therapeutics, England. Bekannt ist er vor allem durch seine monumentalen Baumstamm-Skulpturen und seine fein empfundenen, oft geheimnisvollen Holzschnitte.

Er schreibt über die Arbeit an diesem Buch:
Die Arbeit an diesem Buch war für mich eine besondere Herausforderung. Es war eine intensive Auseinandersetzung mit der komplexen Wort-, Bild- und Gefühlswelt von Ulrich Schaffer, es war aber auch eine intensive Auseinandersetzung mit meiner eigenen Realität – mit meinen eigenen Gefühlen. Ich bin vielen Gedichten begegnet, die mich dabei unterstützten, zu mehr Vertrauen und Sicherheit zu finden, aber auch Gedichten, die mir oft unbequeme Spiegel waren, die mich konfrontierten mit meiner Verletzlichkeit und meinem Schmerz, die mir aber gerade dadurch auch Wege aufzeigen konnten, zu mehr Bewußtsein und Klarheit und damit zu mehr Freiheit und Lebendigkeit zu finden.

ULRICH SCHAFFER, geb. 1942, lebt als freier Schriftsteller und Fotograf in Burnaby/Kanada. 1961 bis 1970 Studium der Germanistik und Anglistik an der University of British Columbia und an der Universität Hamburg, 1970 bis 1981 Dozent für europäische Literatur an einem College bei Vancouver. Autor zahlreicher Bücher, die ihn bei einem breiten Publikum bekannt gemacht haben.

Ich habe mich gefreut, wieder einmal mit einem visuellen Künstler an einem Buch zu arbeiten. Als ich vor einigen Jahren die ersten Holzschnitte von Urs-Peter Twellmann sah, dachte ich an eine Zusammenarbeit. Später habe ich ihm dann Gedichte geschickt, und er hat auf sie in seiner eigenen feinfühligen Weise reagiert. Mir gefällt besonders, daß Urs-Peter Twellmann das Holz selbst so stark sprechen läßt. Die Maserung wird zu einer Aussage. Ich hoffe, daß es den Lesern und Betrachtern des Buches gelingt, eine dritte Ebene zu den Texten und Bildern hinzuzufügen: die eigene.